NOTES RECTIFICATIVES

SUR LES ÉVÉNEMENTS DE

CLAMECY EN 1851

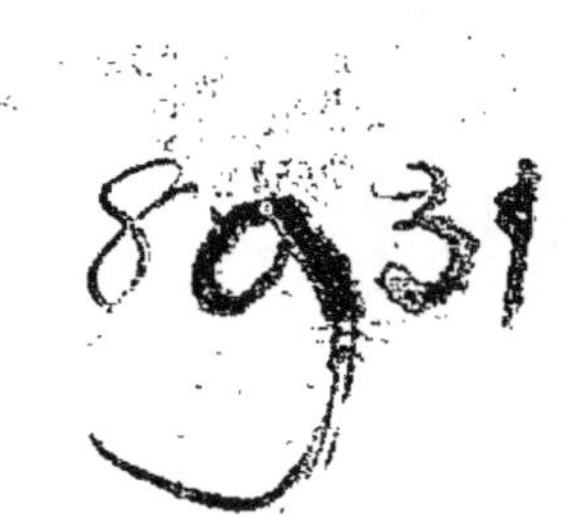

IMPRIMERIE GÉNÉRALE DE CH. LAHURE

Rue de Fleurus, 9, à Paris

NOTES RECTIFICATIVES

SUR LES ÉVÉNEMENTS DE

CLAMECY EN 1851

ADRESSÉES

A M. EUGÈNE TÉNOT

Auteur des Études historiques sur le Coup d'État

PAR

NUMA MILLELOT

— 50 CENTIMES —

PARIS

ARMAND LE CHEVALIER, ÉDITEUR

RUE DE RICHELIEU, 61

—

1869

AVERTISSEMENT.

Des circonstances indépendantes de ma volonté ne m'ont pas permis de joindre cette intéressante lettre à l'édition populaire de mon histoire du coup d'État en province.

D'accord avec M. N. Millelot, je la publie aujourd'hui séparément, me réservant de l'annexer comme appendice à une édition ultérieure de mon livre.

Je n'ai pas besoin de rappeler à ceux qui ont déjà lu *la Province en Décembre* 1851 quels sont les titres de M. N. Millelot à la confiance des lecteurs.

Ils savent qu'il appartient à cette famille

vaillante qui a poussé jusqu'au sacrifice suprême son dévouement à la République, et dont la grandeur des convictions démocratiques n'a été égalée que par l'étendue des souffrances endurées dans les cachots d'abord, à Cayenne ensuite.

Ceci dit, je laisse la parole à M. Millelot.

EUGÈNE TÉNOT.

A

M. EUGÈNE TÉNOT

AUTEUR DES ÉTUDES HISTORIQUES SUR LE COUP D'ÉTAT EN 1851

Paris, le 12 novembre 1868.

Mons:eur,

Souvent malade et peu au courant de ce qui se passe, je lis aujourd'hui seulement votre ouvrage sur *la Province en Décembre* 1851 ; aux premières pages, j'y trouve un récit des événements de Clamecy ; malheureux pays qui, enveloppé dans une affreuse combinaison de mensonges, ne sut plus un instant que penser lui-même, alors et surtout que s'offrit à sa vue le spectacle infernal des orphelins de l'insurrection, groupés par la charité publique, et priant Dieu de pardonner les crimes de leurs parents bien-aimés.

Merci, monsieur, pour la somme de calomnies odieuses que vous avez repoussées ; mille fois merci pour l'exposé de certains faits que, malgré l'absence de tout commentaire, le bon sens public promet de comprendre.

Vous avez, en recherchant la vérité sur les événements de Clamecy, tant attristé de ce qu'aucune protestation ne s'élevât contre les récits outrageants pour les idées républicaines, pris en main la défense des absents et des morts ; merci encore pour ces derniers. Malheureusement, les renseignements que vous avez recueillis proviennent et ne pouvaient guère provenir que des pièces de la double procédure qui fut dirigée contre nous ; car celle du conseil de guerre n'est que la suite d'une première instruction commencée par nos propres adversaires, et Dieu sait ce qu'elle fut. D'autre part, des personnes pleines d'honnêteté, mais timorées et cachées pendant les événements, ont pu vous donner de saines appréciations sur les hommes qui prirent part au mouvement, mais elles étaient aussi mal placées que possible pour ce qui touche au détail des faits accomplis.

D'un autre côté, les renseignements pris chez Moreau, que vous assimilez à tort à Rousseau, sont la source de l'inexactitude de vos appréciations pour ce qui touche la direction et le but de ceux qui, par le seul ascendant de l'estime publique, poussèrent à la résistance armée une population qui, neuf heures après la prise d'armes, apprenait qu'elle défendait une cause perdue à Paris.

Moreau, avocat, libéral par nature, intelligent et brave, n'appartenait point à l'association secrète. Il se complaisait au milieu de ses amis d'enfance desquels il était aimé; mais par le fait de la direction exclusive qui se trouvait au sein de la société, il ne fut appelé à prendre aucune part à la politique active de 1849, au coup d'État exclus. Et, comme il l'avait dit un jour : « Au moment décisif, où puis-je être, si ce n'est au milieu de vous? » A l'instant où les républicains montèrent attaquer la prison et la mairie, il se jeta en effet dans les rangs, le fusil sur l'épaule, en disant : « Amis, me voilà ! »

Rousseau, avoué, était, contrairement à Moreau, membre de la société secrète depuis près de deux ans. Il fut de l'avis de ceux qui ordonnèrent la prise d'armes. Il parut dans l'insurrection quelque temps après l'attaque de la prison, et disparut peu après la lecture des dépêches ministérielles qui, tombées en nos mains le 6 à six heures du matin, annonçaient que l'insurrection était vaincue à Paris.

Aujourd'hui que le récit d'une révolution peut

intéresser encore et instruire ceux-là mêmes qui l'ont amenée, l'observation d'une stricte exactitude dans l'exposé des faits devient une impérieuse obligation. Il y eut dans les événements de Clamecy d'horribles méprises, trop regrettables cent fois déjà pour que l'on puisse vouloir les aggraver encore en les présentant sous un jour odieux sur le simple dire de personnes intéressées ou de parents.

Dans la pensée que la curiosité d'un peuple, qui depuis dix-sept ans n'est pas encore remis de sa chute de Décembre 1851, provoquera une nouvelle édition plus complète de *la Province en Décembre*, qu'il me soit permis, monsieur, de vous donner quelques renseignements sur certains faits qui n'ont été flétris que parce que l'on a gardé le silence sur les causes qui les ont produits, et qu'aucun renseignement précis ne vous a été fourni à leur sujet : me tenant, en outre, à votre entière disposition pour toutes explications que la brièveté de mes indications pourrait rendre nécessaires.

Peu de jours après le banquet de la fraternité, où les plus hauts fonctionnaires de Clamecy affectèrent de se placer à côté des ouvriers les plus pauvres, banquet où Millelot père seul n'assista point, en disant que la république, qui avait gardé en elle un élément

de mort en conservant l'ancien personnel monar-
chique, pactisait avec ses ennemis, peu de jours
après le banquet, dis-je, époque où on arrosait encore d'eau bénite les arbres de la liberté, la réaction
posant son masque leva la tête aussi haute qu'elle
l'avait tenue basse; et, plus tard, au lendemain de
la révolte de Juin, tout sincère républicain devint le
but de sourdes attaques. Les ouvriers furent quelque temps avant de s'apercevoir de leur véritable
situation; leur bonne volonté était grande; mais,
faute d'un lien, elle était sans effet, et dans un moment dangereux elle n'eût été d'aucun secours
pour résister à la réaction locale, et inhabile surtout à prêter un appui sérieux dans l'avenir qui
déjà s'annonçait menaçant. C'est de cette situation,
que l'audace de la réaction rendait plus mauvaise
de jour en jour, qu'est née l'organisation secrète,
dont les bases furent jetées par deux hommes résolus. L'effet en fut grand, et ses progrès si rapides
qu'ils pensèrent devoir la réformer en isolant da-
vantage son centre d'où émanaient les détermina-
tions les plus importantes; mais les événements,
qui se précipitaient alors, ne leur en laissèrent pas
le temps. Les bruits de coup d'État, qui ne cessaient
de circuler, firent soumettre aux affiliés une proposition qui, résolue d'une façon affirmative par

tous, explique la prise d'armes de Clamecy et le but qui était poursuivi. C'est à ce moment que le groupe des hommes qui dirigeaient l'organisation secrète se constitua en comité révolutionnaire, qui fut, plus tard, traité de comité imaginaire. — Voici la proposition qui fut soumise dans l'une des réunions les plus importantes : Serons-nous de ceux qui salueront une victoire remportée à Paris ou s'inclineront devant une défaite? Ou serons-nous de ceux qui prendront les armes au premier coup de feu tiré à Paris, résolus à encourir les chances d'un combat? — Cette dernière résolution fut prise à l'unanimité avec un élan tel que l'on crut devoir faire cette observation : « Rappelez-vous que la détermination que vous allez prendre et le serment que vous allez prêter vous seront rappelés au jour du danger ! »

On accusa souvent de folie les hommes qui dirigèrent le mouvement insurrectionnel, rarement d'intérêt. On comprend la première appréciation de gens qui, ayant toutes les vertus du coin du feu, ne pouvaient guère avoir celle de la générosité. Quant à l'accusation, qui prétend que l'insurrection n'a été décidée que sous le coup des arrestations qui devaient se faire, elle doit être repoussée comme injurieuse pour les républicains de Clamecy et rejetée à la face des hommes de loi, car cette calomnie ne se trouve guère que dans leurs grimoires.

Les nouvelles du coup d'État (et alors elles ne spécifiaient en cinq mots que le commencement de la lutte, « on se bat à Paris, ») parvinrent le mercredi 3 décembre au soir. Le lendemain, à neuf heures du matin, la prise d'armes fut résolue en principe après une vive discussion[1] et l'avis en fut aussitôt expédié à Auxerre avec divers ordres par des hommes sûrs dont le retour était attendu pour le soir même : on avait voulu s'assurer de la première étape par laquelle on pensait devoir marcher sur Paris. Les bruits d'arrestations se firent jour seulement à cette époque ; aussitôt les hommes qui devaient diriger le mouvement ordonnèrent à tout républicain menacé dans sa liberté de la défendre au péril de sa vie et à tous de se prêter main

---

1. Un homme, qui exerçait une influence relative, accusé de manquer de courage et de trahir un serment, se leva et dit d'un ton menaçant : « Voulez-vous venir avec moi…. » L'accusateur, qui à cause du tumulte n'avait pas entendu le reste des paroles, se croyant provoqué, lui saisit le bras, et tous deux sortant furent arrêtés par les membres de la réunion qui se jetèrent au-devant d'eux, en déclarant qu'ils voulaient la prise d'armes, avec une telle énergie, qu'il ne se trouva plus un seul contradicteur. — C'est seulement en exil que j'appris le reste des paroles que je n'avais pu entendre et qui ne peuvent être reproduites ici. Mais ce n'était point une provocation.

forte. (Toutes les autorités de Clamecy se présentant le 4 à une heure chez Gannier, pour procéder à des arrestations, ce qui ne fut de leur part qu'un simulacre, durent la vie à l'intervention d'une dame qui se jeta au-devant des coups que trois hommes allaient porter en exécution de cet ordre). Cent hommes furent armés et divisés en quatre postes situés aux quatre coins de la ville avec ordre de marcher où besoin serait au premier avis qui en serait donné.

Les délégués ne reparaissant pas, deux hommes furent envoyés à Courson au-devant des nouvelles que l'on attendait d'Auxerre. La nuit était venue, le comité se déclara en permanence. A deux heures du matin, il apprit des deux hommes revenus de Courson que l'on n'avait aucune nouvelle des délégués envoyés à Auxerre, mais que la rue de Paris, qui traverse toute cette ville, était pleine de monde où ce propos circulait : « Si Clamecy se lève, tout va éclater ici. » — L'inquiétude était grande. Les délégués avaient-ils été arrêtés? — L'état de siége défendait de franchir la limite du département sans un ordre exprès. Un temps précieux avait été perdu sans avoir pu obtenir un résultat, et l'obligation de proclamer l'insurrection restait seule comme un devoir commandé par l'honneur. Aux premières

·lueurs du jour, elle fut fixée pour huit heures et demie du soir, et les membres du comité se divisèrent chacun avec sa mission, qui toutes étaient relatives à la prise d'armes. Millelot père, comme on l'a dit, souleva et revint avec quelques hommes des communes du département de l'Yonne, voisines des environs de Clamecy; mais il détermina en réalité un soulèvement de communes plus éloignées, dont les contingents devaient marcher sur Auxerre pour rompre l'hésitation qui s'y manifestait et que l'on ne pouvait comprendre à ce moment.

Je me suis étendu sur les causes qui amenèrent les retards qui furent fatals à Clamecy républicain, parce qu'ils clouèrent l'insurrection là où elle était née.

On connaît le but des républicains de Clamecy; leurs moyens étaient simples : renverser les autorités locales, laisser la direction du pays à leurs pères, marcher sur Auxerre où la bourgeoisie, d'accord avec le peuple, avait acclamé la République, salué l'avénement de Napoléon à la présidence comme un demi-dieu, ramenant le culte d'un passé glorieux, et devant donner l'appui de son prestige à la République française qu'Auxerre était prêt à défendre en décembre 1851. Joigny, où d'ardentes sympathies nous attendaient, formait notre deuxième étape pour de là marcher sur Paris. Des faits, dont le détail est inexpliqué jusqu'ici, entravèrent l'exécution de ces projets; Paris, écrasé dès le début de la lutte, en fut le plus important et presque irremédiable.

La direction et le but que l'on devait poursuivre établis, j'arrive aux faits qui se sont produits dans une petite ville où une foule d'hommes tournèrent dans un cercle vicieux qu'ils ne purent franchir, enfermés qu'ils y étaient par la force des choses; c'est un torrent qui tourne, mais c'est un torrent qui a conscience de son dévouement et qui ne sait que faire de sa force et qui, de plus, a la conviction qu'il sera perdu sans avoir été utile, sans avoir été vaincu. Ce mouvement de rage, qui éleva vingt trois barricades à l'approche de la troupe qui couronna aussitôt les Chaumes, prouve que mes paroles sont au-dessous de la vérité. La force secrète qui poussait ces hommes, tant calomniés aujourd'hui, alors qu'ils nous signifièrent qu'ils voulaient défendre la ville quand même, les faisait agir d'instinct, car ils savaient alors que Paris était vaincu, qu'aucune ville ne tenait plus. On lisait sur leurs sombres figures le secret de leur amère pensée : s'éloigner de leur pays, quitter leurs femmes, leurs enfants, parce qu'ils avaient défendu une loi qui venait de mourir. Oui, quand le 7 ils défendaient Clamecy, c'était leur foyer domestique qu'ils défendaient ; c'était déjà la proscription contre laquelle ils se débattaient. Aussi tout ce qui se trouva sous leurs mains fut-il enlevé, comme paille, voitures, poutres, pierres, tout servit à l'édification de barricades qui depuis le matin dix heures, moment où la troupe fut signalée, jusqu'à onze heures du soir, moment où une dernière et suprême détermination fut prise, ne cessèrent d'être garnies d'hommes que l'on voyait affluer tantôt d'un côté tantôt d'un autre, selon que des petits billets, qui tombaient de la tour, où un de nos amis était monté, nous avisaient que la troupe des Chaumes se portait sur le Beuvron ou sur l'Yonne.

Je cite ces faits pour bien faire comprendre que si une révolution se raconte, les pieds sur les chenets, elle s'exécute dans la rue, dans le tumulte, sur des pavés arrachés par un froid de décembre, où des enfants grelotants et des femmes en pleurs prient un père, un frère, un ami de ne pas se faire tuer inutilement.

L'exposé qui précède établit combien il est inexact de dire, page 27, que Clamecy voulut recommencer la lutte alors que Paris était vaincu, puisque Clamecy ne décida l'insurrection que sur la nouvelle du coup d'État, qui n'indiquait alors que le commencement d'une lutte. Il prouve, contrairement à ce qui a été dit, page 38, que les hommes qui dirigèrent le mouvement de Clamecy et des environs, engagés qu'ils étaient ainsi que tous les affiliés à prendre les armes au premier coup de feu tiré à Paris, ne proclamèrent pas l'insurrection sous le coup des menaces d'arrestations parfaitement vaines alors, puisqu'ils reçurent la nouvelle du coup d'État le 3 au soir ; que le lendemain matin la prise d'armes était décidée et que ce n'est que dans la journée du 4 que les bruits d'arrestation se répandirent. J'ai expliqué l'inaction apparente de cette journée; la décision prise le lendemain au petit jour; et si cette décision indiquait huit heures et demie du soir pour l'insurrection, c'est parce que ce temps était strictement nécessaire pour que les gens des campagnes soient prévenus et puissent venir.

L'installation de Rousseau à la mairie, page 51, n'a jamais eu lieu. J'ai dit son apparition et sa disparition. Le curé de Clamecy qui, contrairement au fait d'avoir été coupé en morceaux [1], demeura par-

1. Nous nous étonnons que le sentiment d'*honnêteté*, de *chasteté*, d'nonorabilité enfin, qu'on attribue généralement au prêtre, ne l'ait pas porté à protester énergiquement contre cette calomnie,

faitement libre de sa personne durant l'insurrection, vint à la mairie demander l'autorisation de disposer des cloches pour annoncer l'enterrement commun des hommes qui avaient succombé dans l'insurrection, insurgés et gendarmes. La défense qui lui en fut faite, basée sur ce qu'il y aurait d'imprudent à faire coudoyer dans un même enterrement les parents de gens qui s'étaient entre-tués la veille, lui fit penser avoir affaire aux autorités du jour et donna seul naissance à ce bruit.

La pensée de rendre la ville, exprimée page 59, n'a jamais été mise en délibération. Ceux qui eurent la pensée d'aller proposer la reddition de la ville le 7 à trois heures du soir, firent cette démarche non-seulement sans mandat et à notre insu, mais ils la firent à l'instigation du réactionnaire Tartrat. Le soir, à minuit, cette étrange manœuvre, car l'insurrection était alors dissoute, fut renouvelée par Moreau qui, en cela, poursuivit probablement la pensée qu'il avait exprimée et qui fut repoussée dans la dernière réunion qui se tint à la mairie le 7, à onze heures et demie du soir, et où l'évacuation

dont il semble s'être fait le complaisant par son silence. Car cette infamie, fabriquée pour le dehors comme tant d'autres, est restée et demeurée comme un fait acquis pour les localités éloignées de Clamecy.

pure et simple fut décidée. Toutefois, les premiers comme les derniers, mus évidemment par la pensée d'alléger leur situation en se posant comme intermédiaires, obtinrent le même résultat ; frappés et enchaînés dès leur arrivée aux Chaumes, ils faillirent y être fusillés. L'intervention de M. Petit de la Fosse, préfet de la Nièvre, qui avait été autrefois sous-préfet à Clamecy, reconnaissant dans les prétendus parlementaires Bretagne son ancien tailleur, et Moreau qu'il avait couronné enfant au collége de Clamecy, les sauva.

Eugène Millelot, lors de son évasion, n'erra pas aux environs de Clamecy, comme il est dit à la page 328. Cette simple phrase, anodine au suprême degré, innocenterait à merveille la conduite d'un homme que l'opinion publique, qui s'est déjà prononcée, doit connaître et apprécier comme elle le mérite. Eugène Millelot, condamné à mort, libre par le fait de l'évasion que j'avais préparée, alla malheureusement se réfugier au Parc, chez le frère de son père, vaste propriété qui se trouve au sein même de la ville. Il s'y tint caché une nuit et un jour dans une excavation formée par un monticule de roches, puis le froid et la faim le firent se rapprocher de la maison où il entra et resta un peu contre le gré des domestiques qui ne voulaient le garder ni n'osaient le renvoyer. Quelques jours se passèrent ainsi, puis le pain lui fut enfin refusé et Eugène Millelot marcha à la mort en se constituant prisonnier.

Je raconterai un jour cette évasion qui eut un résultat si navrant, et dont le point de départ fut le bouillon que les sœurs de charité apportaient aux prisonniers qui y trouvaient des mèches de chandelles, sans doute fournies par ceux qui leur firent dépenser leurs derniers sous pour acquitter le port de pesantes lettres qui leur furent présentées et qui leur apportaient sur des morceaux d'épais papiers de couleurs la nomenclature des fruits qui se trouvent dans les contrées lointaines où on espérait déjà les envoyer mourir.

J'aborde le récit des faits qui sont toujours présents à ma mémoire, les uns pour les avoir vus, les autres pour les avoir entendu raconter cent fois par ceux qui y ont assisté.

L'attaque de la mairie, dit-on, fut prématurée par le fait de l'impatience des frères Millelot qu devaient attendre les contingents des campagnes pour l'effectuer.

Voici le fait qui amena l'attaque à l'aide de la seule colonne de Bethléem, alors que celles de Labreuvoir et de Beuvron devaient y concourir.

A la nuit tombante, les hommes qui étaient assemblés chez Mme Rougier jugèrent prudent de mettre à couvert en Bethléem, lieu d'où le signal de marcher devait être donné, certains hommes qu'un coup de feu pouvait enlever au mouvement que l'on allait tenter. A quelques minutes de là, un fait d'une insigne lâcheté prouva combien ces prévisions étaient fondées. Le malheureux Coqueval, blessé sur la place de l'église, et que Eugène Millelot aidait à transporter, reçut un coup de feu destiné à ce dernier. Le coup partit d'une maison qui se trouve à la hauteur de la rue Gigaux, et la balle pénétrant de haut en bas, entrant dans le cou du malheureux jeune homme, acheva de le tuer. Mais à peine ces hommes furent-ils aperçus sur le pont de Bethléem que des cris de *Vive la République!* s'élevèrent de toutes parts. Les tambours battirent la charge, et sans que l'on pût faire entendre un seul ordre, une colonne serrée se forma et s'élança en avant au chant de *la Marseillaise*, et les contingents de Labreuvoir et de Beuvron, sans ordre, ne marchèrent qu'au bruit de la fusillade de la place de l'église.

A l'attaque de la mairie, il n'y eut point de coups de feu de tirés derrière un corps de garde. Au moment où les républicains arrivèrent à la hauteur de la porte de la mairie, M. Legay, sortant de la cour où un grand nombre de réactionnaires parfaitement armés se trouvaient rangés, se présenta en écharpe en demandant ce que l'on voulait; derrière lui étaient deux hommes armés de carabines, qu'il est inutile de nommer ici. « La délivrance immédiate des prisonniers politiques, lui fut-il répondu. — Ceci, dit le maire, n'est point de mon ressort; il faudrait que je consulte le sous-préfet. — Je vous donne cinq minutes, » lui dit celui qui parlait et qui se trouvait à gauche et en tête de la colonne qui, pendant l'échange de ces quelques mots, avait passé dix pas plus loin et attaquait la porte de la prison. Au bruit des coups de hache qui l'entamaient, le maire semblait embarrassé et hésitant. « Vous le voyez, lui dit la même personne, il n'est déjà plus temps, » et elle alla crier courage aux hommes qui abattaient la porte de la prison. Quelques minutes après, une brigade de gendarmerie, envoyée sur la place par le poste qui s'était établi à la gendarmerie et que composaient les grosses autorités d'un petit pays, pour engager le feu et donner de l'élan aux réactionnaires qui étaient réunis à la mairie, s'avança à pas précipités jusqu'à la porte de la cour et là on entendit un commandement strident : « Front, joue et feu! » La décharge des gendarmes fit couler le premier sang. On était à douze pas les uns des autres ; toutes les balles portèrent : six gendarmes avaient tiré, six républicains tombèrent. Triste et malheureuse preuve que le premier sang fut répandu par ceux qui violaient la loi, car si les républicains avaient tiré les premiers, il n'y aurait eu que quatre gendarmes qui eussent pu faire feu, puisque deux furent tués à la riposte qui ne se fit point attendre. Les gendarmes qui ne furent point atteints regagnèrent leur poste. Il y eut du côté des insurgés un mouvement de recul ; les uns emmenant leurs blessés, les autres ramassant un mort, la plupart rechargeant leurs armes abrités derrière l'église, d'autres sur l'escalier de la Vieille-Rome. C'est à ce moment d'émoi et de confusion que les malheureux Mulon et Munier trouvèrent la mort. Voici comment. Pour le premier, ce fait qui fut conté cent fois devant moi, par les hommes qui en furent témoins, ne laisse aucun doute sur l'horrible méprise qui eut lieu.

Mulon ne rentrait pas chez lui, comme on s'est plu à le dire. Une heure avant sa fin tragique, il avait envoyé Bretagne porter son adhésion au mouvement aux hommes qui étaient réunis chez Mme Rougier ; lesquels répondirent durement : « Allez dire que c'est le fusil à la main que l'on donne son adhésion aujourd'hui. » Quelques républicains le virent passer avec une dame, peu de temps avant la fusillade de la mairie, et lui reprochèrent de s'exposer ainsi avec une femme en un pareil moment. « Je vais la conduire, dit-il, dans une maison » qu'il désigna, « et dans un instant je suis à vous. » Et quelques minutes après l'attaque que j'ai décrite, moment où les hommes qui emplissaient les ruelles qui avoisinent l'église, s'attendaient à être chargés par les réactionnaires qui étaient à la mairie, Mulon allant à eux d'un pas précipité, aurait été pris pour un adversaire et reçut la mort en tournant une ruelle, frappé d'un coup de bisaiguë. Il poussa un cri et dit : « Oh ! que vous m'avez fait mal ! » Puis, tombant : « Malheureux, vous tuez un des vôtres. » On comprend pourquoi un parent, un ami, a pu dire : en rentrant, au lieu de *en sortant*, l'insurrection étant réputée crime à ce moment; de même et pour la même raison, la substition de : « Que c'est lâche de frapper un homme par derrière, » à : « Malheureux, vous tuez *un des vôtres !* »

Si la rumeur publique à Clamecy ne pressentait, n'indiquait presque un coupable impuni, la mort de Munier pourrait s'expliquer par le seul fait d'avoir, au moment où les balles sifflaient, traversé le point où elles étaient dirigées. On a, d'autre part, laissé dans l'ombre un fait bien significatif de la part du malheureux Munier; c'est celui d'avoir, non pas abandonné, mais de s'être exposé à quitter les hommes avec lesquels il se trouvait à la mairie où on l'avait appelé comme instituteur, et de s'être volontairement risqué à traverser la place au moment où une lutte s'engageait, entre le peuple et les réactionnaires. Qui nous dira ce que pensèrent et ce que firent ceux ou l'un de ceux qu'il quittait?... Celui qui laissa refuser du pain à Eugène Millelot, fuyant sous le coup de la peine de mort, aurait pu et pourrait peut-être le dire. Car, bien que prévenu par moi de ne se jamais rendre à aucune invitation de la mairie dans un moment de révolte, il ne s'en était pas moins rangé parmi ceux qui, armés jusqu'aux dents, nous y attendaient le 5 décembre. Munier, pour ceux qui connaissaient ses opinions, a pu, au double risque de sa vie, ne pas vouloir se trouver, au moment d'une lutte suprême, dans un camp opposé à celui du peuple.

A peu de temps de là, Pousseaux fut le théâtre d'une scène sanglante qui fut plus tard entièrement défigurée. La voici telle que je l'ai vue : Le village de Pousseaux comptait de nombreux affiliés ; leur zèle se peint dans la démarche qu'ils firent, peu avant l'insurrection, en venant en armes à Clamecy sur le simple bruit qu'on s'y battait. Reconnaissant leur erreur, ils rebroussèrent chemin en disant : « Cette fois on viendra nous chercher si on veut que nous y retournions. » Le 5 décembre, à minuit environ, le tocsin sonnait à Pousseaux par l'ordre d'hommes venus de Clamecy ; des perquisitions d'armes furent rapidement faites. On vint me prévenir que la maison Bonneau refusait de livrer les siennes ; au moment où j'arrivais près de cette maison, un homme frappait au volet quand une voix s'éleva et dit : « Méfiez-vous, ils sont là au moins une vingtaine bien armés. » Puis on entendit l'homme qui frappait au volet dire à haute voix : « Ouvrez, il ne vous sera fait aucun mal ; mais livrez vos armes et vos munitions. » Tout à coup le volet s'ouvrit brusquement et l'on dit : « Les armes, vous ne les aurez pas, mais nous allons vous f.... ce qu'il y a dedans ; » et le carré noir que formait la fenêtre (il n'y avait pas de lumière dans l'intérieur) s'éclaira de trois ou quatre coups de feu qui nous furent tirés à brûle-pourpoint. A la riposte, un cri fut poussé par un homme qui s'affaissa, et tout devint silencieux. Quelques hommes indiquèrent des individus qui franchissaient un mur de jardin, puis tout le monde s'écarta de cette maison. Deux colonnes partirent pour Clamecy ; une troisième tardait à se former, les uns voulant que celui-ci et celui-là en fissent partie. Enfin, distancée de près d'un kilomètre des autres contingents, munie de bâtons et de picots, sans une seule arme à feu, elle prit le petit sentier qui aboutit sur la route de Clamecy, en face le cimetière de Pousseaux. Arrivée au coude du chemin, le passage lui fut coupé par une dizaine d'hommes qui, penchés en avant, couraient en tenant leurs fusils doubles à deux mains, prêts à faire feu et criant : « Venez donc, tas de brigands, que nous vous f..... votre affaire. » Ces hommes s'arrêtèrent à six pas de nous ; mais, avant qu'ils aient le temps d'épauler, un commandement impérieux de : « Serrez les rangs, marche ! » fit bondir la colonne en avant, et les hommes que le fils Bonneau commandait s'enfuirent ne se doutant guère que nous n'avions pas une seule amorce à brûler.

Je cite ces faits, parce que si la famille Bonneau avait été couchée, comme on le raconte aujourd'hui, elle n'aurait pas eu ainsi, sans tenir compte de ceux qui s'enfuirent par-dessus les murs du jardin, une dizaine d'hommes armés de fusils doubles sous la main.

Un autre fait, déplorable dans sa conséquence, montre combien les absents ont tort : c'est le double meurtre de Galloux dit Daumé. Cet homme, dévoué à la réaction et connu comme tel dans tout le pays, ne prit aucune part à l'insurrection à laquelle il est hostile. Le lendemain de la prise de la mairie, il se grisa et sortit en chancelant et en proférant des menaces contre les insurgés; des femmes de son quartier le firent rentrer et coucher, et, au moment où on le croyait endormi, il se leva et sortit juste à l'instant où le contingent de Druyes arrivait; il fut droit à ces hommes, et fit feu sur eux sans que ces derniers aient pu prévenir ni prévoir un pareil acte. Deux hommes tombèrent mortellement blessés.

Ceux qui donnèrent des renseignements sur Galloux dit Daumé, se défirent habilement d'un double meurtre au profit des républicains absents, et dont tant ne devaient plus revenir.

Je n'ai connu le fait du curé Vernet qu'alors que je fus devant le conseil de guerre. J'ai demandé souvent depuis et à bien des hommes de l'insurrection des renseignements à ce sujet; et, d'après ceux que j'ai reçus, il demeure évident que d'un côté on a voulu, dans cette circonstance, renouveler une des tristes scènes de 93 en le forçant à crier *Vive la République!* en l'obligeant à boire à la nation, en voulant lui faire prendre un fusil et le faire monter sur une barricade; mais le grand coup d'épée donné en entrant chez Mme Dechamp, serait une piqûre faite avec un fleuret pour le faire avancer et monter sur les pavés de la barricade de Bethléem qui se trouvait en face de la porte de Mme Dechamp. Le coup de pistolet, qui ne partit pas, fut une pure invention qui était nécessaire, d'autre part, à ceux qui voulaient qu'il y eût miracle. Il est vrai de dire que, chez Mme Dechamp, il fut indignement poussé et tiré comme un hochet. Un homme, entre autres, le repoussa rudement de sa bisaiguë et déchira son vêtement. Certes, cette scène fut cruelle ; mais le fameux coup de bisaiguë se réduirait en réalité à moins que la piqûre du fleuret. Un citadin peut peut-être croire que la soutane d'un prêtre peut amortir un coup de bisaiguë, mais un ouvrier qui lira ces détails, et qui sait que cet outil est une barre de fer plate, longue d'un mètre quarante, à l'aide duquel on entame aussi facilement une pièce de chêne qu'un couteau entame du beurre, sera obligé de ne pas croire un mot du récit tel qu'il est présenté, et je partagerai son avis. Certes, il est atroce de violenter un homme, et surtout de se jouer de la terreur d'un vieillard, mais je dis qu'il est infâme d'exagérer les faits comme on le fit surtout à une époque où on savait qu'en pareil cas, si on échappait à l'échafaud, on tombait à Cayenne.

Mais j'oubliais que nos adversaires, pour légitimer leur zèle à calomnier, et dans la pensée de mériter les bonnes grâces du gouvernement, ont déclaré ouvertement avoir fait non-seulement courir, mais publier au son du tambour, dans les pays voisins de Clamecy, une foule d'iniquités pour que les républicains de ces localité, saisis d'horreur, refusassent de se joindre à un mouvement où de pareilles infamies pouvaient se commettre. Et de là sont nées les difficultés que l'on rencontre aujourd'hui pour rétablir la vérité, tant il est vrai que plus on calomnie, plus il en reste quoi que l'on fasse.

J'aborde avec répugnance les détails relatifs à l'échauffourée de la gendarmerie ; bien que j'aie de mon vieux père tous les renseignements possibles, et qu'ils contredisent sur plusieurs points importants le récit qui en a été fait, je sens qu'il est difficile de présenter au lecteur l'état véritable d'une population ordinairement paisible qui s'est levée pour la défense d'un droit que la loi elle-même ordonne de défendre, et qui se voit au premier pas criblée de coups de fusil par ceux-là même qui la violent. Je ne veux rien atténuer ; mais les faits accomplis demandent à être placés dans le milieu où ils se sont produits.

Deux considérations avaient fait négliger la gendarmerie. La première était le résultat des perquisitions faites chez MM. Ferrières et Saligny où les réactionnaires de la mairie ainsi que ceux du poste de la gendarmerie s'étaient réfugiés pour de là se disperser. L'énorme quantité de fusils de luxe trouvés dans la cour de la maison Saligny prouve seule qu'il n'y avait à la gendarmerie que les quelques hommes qui n'étaient pas tombés la veille sur la place de l'église. D'un autre côté le lieutenant de la gendarmerie était généralement aimé même des chefs de l'insurrection, puis on sentait une sourde irritation qui provenait de la situation que nous faisait l'inaction de Nevers et d'Auxerre, dont il sera parlé plus loin, et surtout de la chute de Paris. Ceux qui dirigeaient l'insurrection voulaient éviter un conflit qui, tant que Clamecy n'était pas menacé au dehors, était inutile; ils étaient d'ailleurs tout aux écoutes des nouvelles du dehors. Plusieurs fois déjà ils avaient refusé d'obtempérer à la demande qui leur avait été faite d'attaquer la gendarmerie. Tout leur esprit était tendu vers une dernière espérance : la résistance au coup d'État s'était-elle concentrée sur un point auquel on pût se rallier ? Chaque voyageur que les voitures publiques amenaient était dirigé sur la mairie et questionné sur l'état des pays qu'il avait traversés, et toujours l'accablante réponse se reproduisait : le calme partout, le calme de la stupeur.

L'ordre avait souffert de cette préoccupation exclusive. Un groupe nombreux, où affluaient les gens des campagnes chez lesquels une foule de jeunes gens avaient été arrêtés et amenés à la prison de Clamecy pour avoir chanté *la Marseillaise* sur un ton séditieux, rencontra Guërbet dans le marché et le somma de les mener à la gendarmerie. Guerbet, homme dévoué mais tête faible, les y conduisit. Divers contingents se joignirent à eux. A peine sont-ils arrivés que Millelot père, Eugène Millelot et Seroude, prévenus de ce qui se passait, s'y portèrent aussitôt pour prévenir un malheur.

Je passe sur des détails inutiles puisque vous les avez à peu près reproduits ; mais au moment où Millelot père reçut les noix des carabines rien n'était encore perdu, et il serait parvenu à faire respecter les conventions faites, si, contrairement à ce qui a été rapporté, le gendarme Bidan n'était apparu sur le perron de la Gendarmerie où tout à coup et comme répondant aux cris menaçants que sa vue soulève, il ne s'était avancé et n'eût voulu désarmer le premier homme qui se trouva devant lui. Millelot père, dont la voix est couverte par un tumulte effroyable, se retourne et voit alors Bidan aux prises avec Petit[1] Rollin qui cherchait à dégager son fusil que Bidan voulait lui arracher des mains; il se jette entre eux; Eugène Millelot qui veut retenir la foule qui croit qu'une lutte s'engage, est blessé à la main d'un coup de baïonnette. Millelot père est aveuglé par la bourre du premier coup de feu tiré sur Bidan. A ce moment plusieurs coups de feu se succédèrent, un homme eut le bras labouré par une balle qui atteint et renverse Bidan. Il se relève et descend, comme entraîné par la pente, les escaliers qui mènent à la foule furieuse; de nombreux coups de feu partent, Bidan chancelle et tombe. On le voit avec stupeur se relever encore, il avance de quelques pas pour retomber une dernière fois. C'est à ce moment, où il passait pour mort, que des gens de la campagne qui arrivaient le

---

1. Ce jeune homme, dont on fit un monstre, était doux comme un enfant. Grand et fort autant qu'il était bon, les cheveux blonds et les yeux bleus, Petit était encore chez ses parents l'enfant serviable qui ne se distinguait de la jeune fille que par le sexe. — La vérité, mise en regard de calomnies invétérées depuis dix-sept ans, semble n'être plus qu'une plaisanterie; et tout en s'indignant, on sent, en l'exprimant, l'incrédulité de celui qui lira ces faits.

touchèrent de leurs picots ; d'autres le poussèrent en disant : « Un de moins ; » un jeune homme, presque un enfant, prit son chapeau et le mit au bout d'un bâton.

Il y eut, dans cet outrage à un cadavre, quelque chose d'affreux, de pire cent fois que dans l'acte de cette masse d'hommes qui, un instant auparavant, croyant à une lutte, se presse affolée, inhabile et tirant au hasard.

Aux reproches énergiques et indignés des hommes, qui malgré leurs efforts ne purent prévenir à temps ce malheur, le vide aussitôt se produisit ; l'affolement de cette foule fit place à l'épouvante, quand elle vit que ce qu'elle avait pris pour une lutte n'était que la mutilation d'un homme qui, inoffensif tout d'abord[1], eut la malheureuse pensée de répondre en soldat à cette tempête de menaces que son apparition soulève, en allant désarmer le premier homme qu'il avait devant lui.

1. Tout porte à croire que la malheureuse apparition de Bidan, qui était un homme fort simple et très-doux, eut pour mobile la pensée exclusive que l'on comprend chez un vieux soldat, de recommander, de prier qu'on lui conservât, qu'on lui rendît sa carabine ; pensée qu'il avait déjà exprimée au moment de la reddition des armes avec une insistance qui prouvait combien il comprenait peu le côté critique de la situation dans laquelle il se trouvait.

En présence de pareils faits, on se demande si ces gens des campagnes ne voyaient dans ce cadavre qu'un uniforme détesté, qui leur rappelait leurs chaumières enfoncées quelques jours avant, sous prétexte de visites domiciliaires, alors qu'ils travaillaient aux champs; de leurs enfants arrêtés, enchaînés et jetés en prison pour avoir chanté *la Marseillaise*. Il faut le dire, si l'attitude des ouvriers de Clamecy ne permit pas aux autorités réactionnaires de procéder à des arrestations d'un arbitraire que l'état de siége autorisait peut-être, mais que les ouvriers n'eussent point souffertes, elle s'en vengea d'une façon cruelle sur les campagnes.

Pour ce qui touche au rapport du médecin qui fit suivre la déclaration que Bidan était encore vivant à son entrée à l'hôpital, de cette accusation inouïe et de la dernière brutalité : « Quatorze assassins, au moins, ont trempé leurs mains dans le sang de Bidan, » on se demande, malgré soi, si ce rapport n'est pas entaché de ce zèle effaré qui fut la maladie de l'époque.

La réaction de la peur, qui enfante souvent un zèle qui mène droit à l'infamie, conduisit sans doute ces hommes qui, osant se dire les amis du gouvernement, firent exécuter cette série de lithographies infâmes dont l'une représente les insurgés de Cla-

mecy dansant en rond, comme des cannibales, au-
tour du cadavre de Bidan.

On comprend que ce pays malheureux ne sut
plus que penser un instant de ce déluge de calomnies que l'audace de l'impunité lui imposait, écrasé
qu'il était sous une garnison qui le traita en pays
conquis, en inscrivant sur ses états de services,
comme campagne de France, son séjour à Clamecy
l'éprouvé qui ne sut et ne put que garder le silence.

Guerbet, effrayé du résultat de cette malheureuse
affaire, que sa faiblesse avait amenée, disparut de
l'insurrection et quitta le pays.

L'insurrection fut proclamée en l'absence des renseignements relatifs à la coopération d'Auxerre, qui,
attendus longtemps, furent la cause du retard de la
prise d'armes. La première nuit passée à la mairie,
où on ne s'assembla guère qu'à une heure du matin,
fut employée à l'organisation des postes placés à
divers endroits et à des réquisitions de vivres pour
les contingents des campagnes qui arrivaient et
pour ceux qui étaient attendus. A six heures du
matin, cinq heures après l'installation à la mairie,
neuf heures après la prise d'armes, le courrier venant de Paris nous fut remis. Toutes les lettres furent distribuées sur-le-champ, et les dépêches des-

tinées à la sous-préfecture nous apprirent que les
troupes campées dans les rues de Paris avaient
écrasé l'insurrection et refoulé un reste de combat-
tants en dehors des barrières. Cette nouvelle produisit un effet terrible. Eugène Millelot dit : « L'insurrection ne peut être anéantie; elle n'est que refoulée aux barrières. » Millelot père voulut faire
connaître la situation au peuple. Rousseau fut de
son avis et, l'engageant à le faire, disparut prudem-
ment. Pendant ce temps, un fait inouï se passait au
poste de Bethléem : Gannier, ayant vu passer le
courrier que l'on conduisait à la mairie, entra dans
le bureau de l'octroi, écrivit quelques lignes à la
hâte sur une feuille de papier, puis, montant sur
la barricade, il lut à une foule attentive ce qu'il venait d'écrire : « Paris a triomphé, Barbès est à la
tête des révolutionnaires, etc. » (Je cite ce fait ridi-
cule, parce qu'il faillit coûter la vie à l'homme le
plus dévoué de l'insurrection, et qu'il causa un dés-
ordre effrayant qui rendit toute direction presque
impossible). Millelot père, sous le coup de la pensée
que la véritable situation doit être dévoilée au peuple, et complétement ignorant de ce qui vient de se
passer, quitte la mairie et annonce la triste nouvelle
que l'on vient de recevoir à une multitude d'hommes qui, ivres de joie, le regardent sans sembler le

comprendre; puis, tout à coup, des cris de trahison furent poussés avec fureur. — D'où venait-elle? — Gannier avait disparu. On n'aime pas les mauvaises nouvelles quand la tête est l'enjeu de la partie engagée! Millelot père fut sur le point d'être fusillé! « Si vous croyez que je vous trahis, fusillez-moi, leur dit-il, mais vous en aurez regret après. » Il rentra à la mairie sans se plaindre de ce qui lui était arrivé.

Dans la soirée, une double nouvelle arriva qui devait clouer sur place l'insurrection de Clamecy en détruisant la possibilité d'atteindre son but. Nevers, par suite de l'arrestation du seul homme qui eût osé provoquer un mouvement, n'avait pas bougé et ne bougerait pas par suite des nouvelles de Paris. Auxerre, dont la démocratie avait les yeux sur Clamecy, laissé sans ordre par les hommes qu'il comptait voir se mettre à sa tête, avait gardé l'expectative. L'un d'eux, qui semblait réunir toutes les qualités nécessaires au moment difficile qu'on allait traverser, et qui avait dit : « Avancés ou modérés, marchons tous, ou nous sommes perdus, » aurait été honteusement, s'il faut en croire le directeur de la prison de cette époque, se constituer prisonnier.

La foule, qui se pressait dans la rue de Paris de

cette ville, attendant le signal de la lutte, s'explique ; l'accord complet qui existait entre la bourgeoisie et le peuple fait comprendre le calme de son attitude, et enfin le temps qui s'écoulait amena à Auxerre le courrier de Paris, qui apprit à cette foule, qui se dissipa sans bruit, ce que Clamecy apprit six heures après en pleine insurrection.

Et Auxerre, l'heureuse ville, assez grande pour y pouvoir puiser ses autorités paternelles et où les différences de position et de fortune semblent n'être qu'un luxe dont tout le monde jouit, dut au fait, heureux pour elle, d'avoir appris l'écrasement de Paris six heures avant nous, de n'être pas compromis en décembre 51.

L'effet de cette dernière nouvelle fut atterrant. Les signatures qui devaient être apposées au bas de diverses proclamations se firent attendre sous divers prétextes et finalement ne se donnèrent point. Quelques-uns de ces hommes déjà s'étaient éloignés. L'idée d'Eugène Millelot, que l'insurrection n'était que refoulée à Paris, était un faible contrepoids à la terrible situation qui pesait sur tant d'hommes dont le dévouement un jour prévaudra contre les calomnies qui pèsent encore sur eux.

Les nouvelles du 7 au matin (aussitôt le courrier

arrivé, M. Marié, ancien adjoint, l'un des hommes les plus estimés et aimés du pays, fut appelé à la mairie pour, en sa présence, décacheter trois lettres adressées à des fonctionnaires du pays : l'une contenait des actes notariés ; les deux autres regardaient le coup d'État comme un fait accompli et faisaient suivre des réflexions qui auraient été fort instructives pour le gouvernement naissant : pour nous, elles confirmaient l'anéantissement de toute résistance ; elles furent aussitôt fermées et remises à M. Marié, qui en fit aussitôt faire la distribution) ne laissèrent plus aucun espoir. Clamecy seul, un hameau de la France, défendait encore la République. Au moment où ce bruit se répandit, des hommes qui avaient exploré les environs, sur l'avis que lè général Pellion marchait sur Clamecy, rentrèrent pâles et essoufflés, annonçant l'arrivée de la troupe.

Tout espoir perdu au dehors, sembla ramener la pensée de tous ces hommes compromis au foyer domestique ; la troupe annoncée était une menace contre ce foyer. Une explosion de rage indescriptible se fit jour. J'ai dit les barricades qu'elle éleva ; la pensée d'y mourir était dans les yeux de tout le monde ; celui qui aurait exprimé une idée contraire se serait fait tuer.

Je me rappelle une femme descendant le Crot-

Pinçon, les deux bras ouverts, les cheveux épars, criant: « Vengeance! » ils ont tué mon enfant! On lui demande où est le cadavre? Sa voix entrecoupée ne peut articuler un mot. Des femmes qui l'ont suivie expliquent que son fils, se rendant dans un château où il travaillait, a servi de cible à la troupe des Chaumes.

Chapuis[1], tombé criblé de balles avec ses amis, venait d'avoir le crâne brisé à coups de crosse de fusil. Ces temps, si féconds en calomnies, surent cependant innocenter ce fait affreux, et le présenter de la façon la plus ingénieuse comme un acte d'humanité. Il est vrai de dire que l'homme qui l'avait accompli appartenait au parti de l'ordre.

Deux mots sur la lassitude que produisirent quatorze heures (dix heures du matin à minuit) passées dans l'attente d'un combat, et je finis.

J'ai dit plus haut les mouvements des troupes des Chaumes dénoncés par des avis qui nous étaient jetés du haut de la tour, et l'élan des républicains se portant sur les points menacés pendant toute une journée sans qu'aucune attaque sérieuse n'eût lieu.

1. Chapuis et ses amis n'avaient reçu aucun mandat; la démarche qu'ils firent à notre insu fut élaborée dans un moment d'exaltation au poste de Labreuvoir, et sa malheureuse exécution ne fut qu'une courageuse folie.

La fièvre qui s'était emparée des esprits à l'arrivée de la troupe tomba vers les cinq heures ; la lassitude et l'aspect de femmes et d'enfants qui profitaient de la nuit qui tombait pour venir adresser d'inutiles prières à leurs amis fit fléchir un instant leurs sombres résolutions. Des feux furent allumés aux barricades ; et là, assis sur des pavés, bien des hommes, qui depuis quatre jours n'avaient pris aucun repos, dormaient ou songeaient. Des sentinelles avancées couvraient tous les avant-postes.

Ce fut dans cette situation, et sur des nouvelles certaines, que de tous côtés des troupes marchaient sur Clamecy, et notamment de l'artillerie, qu'une dernière réunion eut lieu à la mairie. Millelot père tombait de fatigue ; Eugène Millelot impassible, la main dans ses cheveux, était accoudé sur le rebord d'un bureau ; étrange réunion que je vois encore : Coquard, Guillien, Constant, Ségot Gonat et tant d'autres, tous debout et le fusil à la main. Moreau s'y trouvait également. J'y exposai brièvement la situation : « Nous ne servons plus la cause, vous le savez ; demain la résistance sera impossible. Si vous voulez vous battre, nous nous vengerons. Deux partis restent à prendre, ou évacuer la ville, ou monter ce soir même aux Chaumes. Nous perdrons cinquante ou soixante hommes, mais la vengeance

sera éclatante. Choisissez, votre décision sera exé-
cutée. »

Divers avis furent émis en même temps; on pen-
chait pour monter aux Chaumes. Moreau parla en
faveur de l'évacuation; les regards se reportant vers
moi, je répondis que j'avais exposé la situation et
que j'étais tout entier pour la décision qui serait
prise. Eugène Millelot sourit amèrement, pour lui
la république était vaincue, peu lui importait le
reste. Il y eut un moment d'indécision. Moreau in-
sista de nouveau pour l'évacuation en représentant
le nombre d'hommes que l'on allait mener à une
mort certaine. Cette dernière considération détermina l'évacuation. Comme les acquiescements tombèrent tristement! Eugène Millelot se pencha en
avant, les mains l'une dans l'autre, et dit : « Vous
le voulez? eh bien, soit ! » Comme il aurait dit, mon
rêve et ma vie sont brisés.

Il fut décidé que chacun retournerait à son poste
pour faire connaître que l'insurrection était dissoute. Moreau, à ce moment, parla de rendre la
ville; des gestes d'impatience repoussèrent sa proposition et chacun se retira.

Aussitôt la décision connue au dehors, un grand
nombre d'hommes armés quittèrent la ville, beau-

coup y demeurèrent attendant leur sort, la mort pour la plupart.

Celui qui sera appelé à porter un dernier jugement sur les événements de Clamecy, sera forcé de conclure par ce fait, que, sauf les gendarmes qui les premiers ont fait couler le sang, et le père Bonneau, qui mit ceux qui lui demandaient ses armes dans le cas de légitime défense, pas un cheveu n'est tombé d'une tête réactionnaire bien que ceux-ci aient ordonné les premiers coups de feu de la place de l'église, et qu'ils aient soutenu le coup d'état contre la République dans la pensée de voir renverser plus facilement un nouvel empire qu'un gouvernement populaire.

Veuillez, monsieur, recevoir ces renseignements informes, mais véridiques, que j'ai tracés à la hâte, sous le coup de la pensée qu'un écrit qui tend, en ce moment, à légitimer l'insurrection de Clamecy, et qui, faute de renseignements, condamne tout ce qui ne s'y justifie pas, porterait un jugement qui serait définitif si aucune réclamation ne s'élevait et léguerait à l'histoire des faits inexacts pour les uns et défigurés pour les autres.

Une nouvelle calomnie m'eût certes trouvé indifférent, et je l'eusse peut-être préférée ; car je pensais que le récit des événements de Clamecy ne pou-

vait guère, à l'époque où nous vivons, être fait qu'en
le mêlant à la vie d'une famille honorée qui fut
l'âme de l'insurrection et que la réaction de la peur,
la plus lâche que je connaisse, a noircie à plaisir
après l'avoir enveloppée dans la proscription. Mais
une épave est revenue qui proteste en vous priant
d'agréer ces quelques lignes qui, si elles n'arrivent
pas trop tard, pourront peut-être servir à redresser
quelques faits. Si, contrairement à mon espoir, les
choses étaient trop avancées pour que ce fût possible,
ne pourriez-vous pas, sous forme de lettre, annexer
ces renseignements, venus trop tard, à la partie de
votre ouvrage qui traite des événements de Clamecy?
— Le genre de publication que vous pensez faire de
vos deux volumes en livraisons à bon marché, ne se
prêterait-elle pas à la circonstance?

Je suppose, vous le voyez, que vous accorderez
quelque attention à ma demande en vue des motifs
qui la guident; car je crois, tout en attendant mieux,
à l'utilité de cette première rectification, qui viendra en aide à ces jeunes hommes d'aujourd'hui qui,
enfants de quatre à cinq ans lors de la révolte de
leur pays, peuvent, ignorants des faits, rester sans
défense devant des calomnies invétérées depuis dix-
sept ans, bien que leur cœur leur dise de les repous-
ser, convaincus à l'avance que le souvenir d'hom-

mes qui poussèrent l'amour de la cause qu'ils défendirent jusqu'à savoir mourir pour elle, s'impose autrement à l'esprit que les boueuses calomnies dont on a voulu les couvrir et dont on trouve des racines même parmi les hommes qui subirent la peine de la déportation. Celles-là un jour serviront à mesurer l'étendue des tortures qu'ils endurèrent et qui les ont égarés.

Si cependant je me trompais, soit au point de vue de la possibilité d'exécution, soit au point de vue de l'appréciation que vous en porterez, veuillez, je vous prie, Monsieur, me renvoyer ces documents, rue Dauphine, 61, où je suis pour quelque temps encore, et recevoir, quoi qu'il arrive, pour le but que vous avez peursuivi et presque atteint, mille remercîments de votre empressé et dévoué serviteur.

N. MILLELOT.